Vorwort

Hurra, der Sommer ist da!
Leckere und fruchtige Backrezepte für den Thermomix TM 5 sind jetzt angesagt. Alles ist kinderleicht und gelingsicher.
Ich wünsche Ihnen viel Spaß beim Nachzaubern.

Inhaltsangabe

Vorwort
Pfirsichwaffeln mit Granatapfelquark
Butterwaffeln mit Johannisbeersauce
Belgische Waffeln mit Blaubeereis
Erdbeerwaffeln
Orangen Schokoladen Waffeln
Herzwaffeln mit Früchten und
Kuvertüre
Honig Apfel Waffeln
Bananen Walnuss Waffeln
Himbeer Creme Waffeln Schnitten
Bananen Schokoladen Waffeln
Quarkwaffeln
Zitronen Cake-Pops
Kokos Cake-Pops
Orangen Cake-Pops
Matcha Macarons
Vanille Macarons
Bananen Macarons
Brombeere Macarons
Erdbeere Macarons
Heidelbeere Macarons
Hefezopf für Ostern
Bunte Baiser
Pfefferminz Baiser

Erdbeere Baiser
Heidelbeere Vanille Kuchen im Glas
Milchmädchen Kuchen im Glas
Schoko Himbeere Cupcake
Schoko Erdbeere Cupcake mit Schuss
Vanille Cupcake
Kokos Cupcake
Pistazien Cupcake

Walnuss Rum Cupcake
Eierlikör Schoko Muffins
M & Ms Cookies
Weiße Schokolade Kokos Pralinen

Nachtrag zum Impressum/
Copyright

Pfirsichwaffeln mit Granatapfelquark

Zutaten:
Waffeln
500 g Milch
180 g Zucker
450 g Mehl
200 g Butter
1 Pck. Vanille Zucker
6 Eier
100 g Pfirsichmarmelade

Zubereitung
Alle Zutaten im Mixtopf einwiegen und auf Stufe 5 / 1 Minute vermischen. Das Waffeleisen vorheizen und den Teig darin löffelweise abbacken.

Zutaten:
Granatapfelquark
Kerne von 2 Granatäpfeln
1 Kg Quark, mager
Saft einer Zitrone
200 g Zucker
1 Pck. Vanille Zucker

Zubereitung
Alle Zutaten, außer die Granatapfelkerne in den Mixtopf geben. Auf Stufe 10 / 30 Sekunden mischen. Die Granatapfelkerne hinzugeben und 3 Sekunden / Stufe 2.

Auf den Waffeln hübsch anrichten und genießen.

Butterwaffeln mit Johannisbeersauce

Zutaten:
Waffeln
500 g Milch
180 g Zucker
500 g Mehl
200 g Butter
1 Pck. Vanille Zucker
6 Eier

Zubereitung
Alle Zutaten im Mixtopf einwiegen und auf Stufe 5 / 1 Minute vermischen. Das Waffeleisen vorheizen und den Teig darin löffelweise abbacken.

Zutaten:
Johannisbeersauce
200 g Johannisbeeren
300 g Wasser
180 g Zucker
25 g Speisestärke

Zubereitung
Alle Zutaten in den Mixtopf geben. Auf Stufe 5 / 30 Sekunden mischen. Auf Varomastufe / Stufe 1 / 9 Minuten kochen.

Auf den Waffeln hübsch anrichten und genießen.

Belgische Waffeln mit Blaubeereis

Zutaten:
Waffeln
300 g Milch
200 g Sahne
250 g Zucker
500 g Mehl
200 g Butter
1 Pck. Vanille Zucker
6 Eier

Zubereitung
Alle Zutaten im Mixtopf einwiegen und auf Stufe 5 / 1 Minute vermischen. Das Waffeleisen vorheizen und den Teig darin löffelweise abbacken.

Zutaten:
Blaubeereis
300 g gefrorene Blaubeeren
200 g Sahne
100 g Buttermilch
100 g Zucker

Zubereitung
Alle Zutaten in den Mixtopf einwiegen. Auf Stufe 10 / 30 Sekunden zerkleinern.

Auf den Waffeln hübsch anrichten und genießen.

Erdbeerwaffeln

Zutaten:
Waffeln
300 g Milch
100 g Sahne
100 g Erdbeermarmelade
170 g Zucker
500 g Mehl
170 g Butter
1 Pck. Vanille Zucker
6 Eier

Zubereitung
Alle Zutaten im Mixtopf einwiegen und auf Stufe 5 / 1 Minute vermischen. Das Waffeleisen vorheizen und den Teig darin löffelweise abbacken.

Orangen Schokoladen Waffeln

Zutaten:
Waffeln
300 g Milch
200 g Sahne
60 g Kakaopulver
Saft von 2 Orangen
250 g Zucker
500 g Mehl
200 g Butter
1 Pck. Vanille Zucker
6 Eier

Zubereitung
Alle Zutaten im Mixtopf einwiegen und auf Stufe 5 / 1 Minute vermischen. Das Waffeleisen vorheizen und den Teig darin löffelweise abbacken.

Guten Appetit!

Herzwaffeln mit Früchten und Kuvertüre

Zutaten:
Waffeln
300 g Milch
200 g Sahne
250 g Zucker
500 g Mehl
200 g Butter
1 Pck. Vanille Zucker
6 Eier

Zubereitung
Alle Zutaten im Mixtopf einwiegen und auf Stufe 5 / 1 Minute vermischen. Das Waffeleisen vorheizen und den Teig darin löffelweise abbacken.

Zutaten:
Obst nach Wahl
1 Pck. Kuvertüre nach Anweisung schmelzen

Zubereitung
Das Obst zerkleinern und auf den Waffeln anrichten. Kuvertüre nach Anweisung schmelzen und über die Waffeln drapieren.
Guten Appetit!

Honig Apfel Waffeln

Zutaten:
Waffeln
300 g Milch
100 g Sahne
100 g Apfelsaft
150 g Zucker
100 g Honig
500 g Mehl
200 g Butter
1 Pck. Vanille Zucker
6 Eier

Zubereitung
Alle Zutaten im Mixtopf einwiegen und auf Stufe 5 / 1 Minute vermischen. Das Waffeleisen vorheizen und den Teig darin löffelweise abbacken.

Zutaten:
Apfelmus
500 g Äpfel, entkernt, in Stücken
120 g Zucker
1 Prise Zimt

Zubereitung
Alle Zutaten in den Mixtopf einwiegen. Auf Stufe 10 / 30 Sekunden zerkleinern. Auf Varomastufe / Stufe 1/ 9 Minuten köcheln.

Auf den Waffeln hübsch anrichten und genießen.

Bananen Walnuss Waffeln

Zutaten:
Waffeln
500 g Milch
2 Bananen, in Stücken
100 g Walnüsse
180 g Zucker
500 g Mehl
200 g Butter
1 Pck. Vanille Zucker
6 Eier

Zubereitung
Alle Zutaten im Mixtopf einwiegen und auf Stufe 5 / 1 Minute vermischen. Das Waffeleisen vorheizen und den Teig darin löffelweise abbacken.

Himbeer Creme Waffeln Schnitten

Zutaten:
Waffeln
400 g Milch
100 g Sahne
250 g Zucker
500 g Mehl
200 g Butter
Saft einer Zitrone
1 Pck. Vanille Zucker
6 Eier

Zubereitung
Alle Zutaten im Mixtopf einwiegen und auf Stufe 5 / 1 Minute vermischen. Das Waffeleisen vorheizen und den Teig darin löffelweise abbacken. Abkühlen lassen.

Zutaten:
Füllung
400 g Frischkäse
100 g weiche Butter
100 g frische Himbeeren
150 g Puderzucker

Zubereitung
Alle Zutaten in den Mixtopf einwiegen. Auf Stufe 10 / 30 Sekunden zerkleinern.

Die Waffeln damit füllen und genießen.

Bananen Schokoladen Waffeln

Zutaten:
Waffeln
500 g Milch
60 g Kakaopulver
2 Bananen, in Stücken
250 g Zucker
500 g Mehl
200 g Butter
abgeriebene Schale
einer Bio Orange
6 Eier

Zubereitung
Alle Zutaten im Mixtopf einwiegen und auf Stufe 5 / 1 Minute vermischen. Das Waffeleisen vorheizen und den Teig darin löffelweise abbacken.

Quarkwaffeln

Zutaten:
Waffeln
300 g Milch
200 g Sahnequark
250 g Zucker
450 g Mehl
200 g Butter
1 Pck. Vanille Zucker
Saft einer Zitrone
6 Eier

Zubereitung
Alle Zutaten im Mixtopf einwiegen und auf Stufe 5 / 1 Minute vermischen. Das Waffeleisen vorheizen und den Teig darin löffelweise abbacken.

Waffeln hübsch anrichten und genießen.

Zitronen Cake-Pops

Zutaten

Kuchenteig
250 g Butter
180 g Zucker
1 Päckchen Vanillezucker
4 Eier
250 g Mehl
2 gestrichene TL Backpulver
abgerieben Schale von 2 unbehandelten Zitronen
2 EL Zitronensaft

Frosting
50 g Frischkäse
20 g weiche Butter
150 g Zucker 20 Sekunden
auf Stufe 10 zu Puderzucker mahlen
1 EL Zitronensaft
Lebensmittelfarbe nach Belieben
Holzspieße

Dekor
Kuvertüre nach Wahl
Streuzucker oder Zuckerdekor
Smarties oder Bonbons
nach Belieben

Zubereitung
Den Backofen auf 180 Grad Ober- und Unterhitze vorheizen. Eine Backform mit etwas Butter einfetten. Es werden zuerst die Zutaten für den Kuchenteig benötigt. Eier, Butter und Zucker in den Mixtopf geben. Auf Stufe 5/ 30 Sekunden schaumig rühren. Nun die übrigen Zutaten in den Mixtopf geben und auf Stufe 10 / 1 Minute luftig schlagen. Den Teig in die Kuchenform geben und ca. 45 Minuten backen.
Lassen Sie den Kuchen nun erkalten. Jetzt die harten Ränder abschneiden und den Kuchen in einer Schüssel fein zerkrümeln. In den ausgespülten Mixtopf alle Zutaten für das Frosting geben und auf Stufe 2/ 1 Minute schlagen. Den zerkrümelten Teig kneten. Etwa eine walnussgroße Menge Teig nehmen und flach drücken (etwas in der Form, als wenn man Plätzchen mit einer runden Form aussticht). In der Mitte des Teiges einen guten Esslöffel des Frostings geben und alles zu einer Kugel rollen. Die Kugeln für eine Stunde im Kühlschrank stellen. In der Zwischenzeit im Wasserbad die Kuvertüre schmelzen und die Dekor Artikel bereitstellen. Die Kugeln aus dem Kühlschrank nehmen und in jede Kugel ein Holzspieß stecken. Dann jede Kugel in die Kuvertüre tauchen. Die Schokolade kurz etwas fester werden lassen und dann in das gewünschte Dekor tauchen. Vor dem Verzehr noch mindestens eine Stunde im Kühlschrank aushärten lassen.

Kokos Cake-Pops

Zutaten

Kuchenteig
250 g Butter
180 g Zucker
1 Päckchen Vanillezucker
4 Eier
250 g Mehl
2 gestrichene TL Backpulver
100 g Kokosflocken
3 EL Milch

Frosting
50 g Frischkäse
20 g weiche Butter
150 g Zucker 20 Sekunden
auf Stufe 10 zu Puderzucker mahlen
50 g Kokosflocken
Lebensmittelfarbe nach Belieben
Holzspieße

Dekor
Kuvertüre nach Wahl
Streuzucker oder Zuckerdekor
Smarties oder Bonbons
nach Belieben

Zubereitung
Den Backofen auf 180 Grad Ober- und Unterhitze vorheizen. Eine Backform mit etwas Butter einfetten. Es werden zuerst die Zutaten für den Kuchenteig benötigt. Eier, Butter und Zucker in den Mixtopf geben. Auf Stufe 5/ 30 Sekunden schaumig rühren. Nun die übrigen Zutaten in den Mixtopf geben und auf Stufe 10 / 1 Minute luftig schlagen. Den Teig in die Kuchenform geben und ca. 45 Minuten backen.
Lassen Sie den Kuchen nun erkalten. Jetzt die harten Ränder abschneiden und den Kuchen in einer Schüssel fein zerkrümeln. In den ausgespülten Mixtopf alle Zutaten für das Frosting geben und auf Stufe 2/ 1 Minute schlagen. Den zerkrümelten Teig kneten. Etwa eine walnussgroße Menge Teig nehmen und flach drücken (etwas in der Form, als wenn man Plätzchen mit einer runden Form aussticht). In der Mitte des Teiges einen guten Esslöffel des Frostings geben und alles zu einer Kugel rollen. Die Kugeln für eine Stunde im Kühlschrank stellen. In der Zwischenzeit im Wasserbad die Kuvertüre schmelzen und die Dekor Artikel bereitstellen. Die Kugeln aus dem Kühlschrank nehmen und in jede Kugel ein Holzspieß stecken. Dann jede Kugel in die Kuvertüre tauchen. Die Schokolade kurz etwas fester werden lassen und dann in das gewünschte Dekor tauchen. Vor dem Verzehr noch mindestens eine Stunde im Kühlschrank aushärten lassen.

Orangen Cake-Pops

Zutaten

Kuchenteig
250 g Butter
180 g Zucker
1 Päckchen Vanillezucker
4 Eier
250 g Mehl
2 gestrichene TL Backpulver
abgerieben Schale von 2 unbehandelten Orangen
2 EL Orangensaft

Frosting
50 g Frischkäse
20 g weiche Butter
150 g Zucker 20 Sekunden
auf Stufe 10 zu Puderzucker mahlen
1 EL Orangensaft
Lebensmittelfarbe nach Belieben
Holzspieße

Dekor
Kuvertüre nach Wahl
Streuzucker oder Zuckerdekor
Smarties oder Bonbons
nach Belieben

Zubereitung
Den Backofen auf 180 Grad Ober- und Unterhitze vorheizen. Eine Backform mit etwas Butter einfetten. Es werden zuerst die Zutaten für den Kuchenteig benötigt. Eier, Butter und Zucker in den Mixtopf geben. Auf Stufe 5/ 30 Sekunden schaumig rühren. Nun die übrigen Zutaten in den Mixtopf geben und auf Stufe 10 / 1 Minute luftig schlagen. Den Teig in die Kuchenform geben und ca. 45 Minuten backen.
Lassen Sie den Kuchen nun erkalten. Jetzt die harten Ränder abschneiden und den Kuchen in einer Schüssel fein zerkrümeln. In den ausgespülten Mixtopf alle Zutaten für das Frosting geben und auf Stufe 2/ 1 Minute schlagen. Den zerkrümelten Teig kneten. Etwa eine walnussgroße Menge Teig nehmen und flach drücken (etwas in der Form, als wenn man Plätzchen mit einer runden Form ausstich). In der Mitte des Teiges einen guten Esslöffel des Frostings geben und alles zu einer Kugel rollen. Die Kugeln für eine Stunde im Kühlschrank stellen. In der Zwischenzeit im Wasserbad die Kuvertüre schmelzen und die Dekor Artikel bereitstellen. Die Kugeln aus dem Kühlschrank nehmen und in jede Kugel ein Holzspieß stecken. Dann jede Kugel in die Kuvertüre tauchen. Die Schokolade kurz etwas fester werden lassen und dann in das gewünschte Dekor tauchen. Vor dem Verzehr noch mindestens eine Stunde im Kühlschrank aushärten lassen.

Matcha Macarons

Zutaten
Macaronschalenteig
125 g gemahlene weiße Mandeln
150 g Puderzucker
100 g Zucker, fein
4 Eiweiße
1 TL Matchapulver

Füllung
100 g gehackte weiße Schokolade
50 g Sahne
50 g gehackte Pistazien

Zubereitung
Wir beginnen mit den Macaronschalen.
Mandeln und Puderzucker in den Mixtopf geben und nochmals auf Stufe 10/ 15 Sekunden mahlen. In eine Schüssel umfüllen.
Den Topf reinigen. Den Schmetterling einsetzen und das Eiweiß einfüllen. Auf Stufe 4/ ca. 2 Minuten steif schlagen. Den Schmetterling entfernen. Nun die übrigen Teigzutaten hinzugeben. Wer mag, kann noch ein paar Tropfen Lebensmittelfarbe hinzugeben. Auf Stufe 2/ 15 Sekunden rühren. Die Masse in einem Spritzbeutel umfüllen. Ein Backblech mit Backpapier belegen. Die Masse portionsweise mit dem Spritzbeutel auf das Blech setzen. Die Masse bei 150 Grad Umluft ca. 15 Minuten backen. Die Schalen abkühlen lassen.
Füllung
Alle Zutaten für die Füllung in den sauberen Mixtopf geben. Auf Stufe 5/ 30 Sekunden mischen. Alles bei 90 Grad/ Stufe 2/ 6 Minuten erwärmen. Die Masse 1 Stunde kaltstellen. Man braucht eine Macaronschale als Oberteil und eine als Unterteil. Die Schalen mit der Masse füllen und kaltstellen.

Vanille Macarons

Zutaten
Macaronschalenteig
125 g gemahlene weiße Mandeln
150 g Puderzucker
100 g Zucker, fein
4 Eiweiße

Füllung
250 g Butter
Mark einer Vanilleschote
140 g Puderzucker
160 g Mandeln

Zubereitung
Wir beginnen mit den Macaronschalen.
Mandeln und Puderzucker in den Mixtopf geben und nochmals auf Stufe 10/ 15 Sekunden mahlen. In eine Schüssel umfüllen.
Den Topf reinigen. Den Schmetterling einsetzen und das Eiweiß einfüllen. Auf Stufe 4/ ca. 2 Minuten steif schlagen. Den Schmetterling entfernen. Nun die übrigen Teigzutaten hinzugeben. Wer mag, kann noch ein paar Tropfen Lebensmittelfarbe hinzugeben. Auf Stufe 2/ 15 Sekunden rühren. Die Masse in einem Spritzbeutel umfüllen. Ein Backblech mit Backpapier belegen. Die Masse portionsweise mit dem Spritzbeutel auf das Blech setzen. Die Masse bei 150 Grad Umluft ca. 15 Minuten backen. Die Schalen abkühlen lassen.

Füllung
Alle Zutaten für die Füllung in den sauberen Mixtopf geben. Auf Stufe 5/ 30 Sekunden schlagen. Man braucht eine Macaronschale als Oberteil und eine als Unterteil. Die Schalen mit der Masse füllen und kaltstellen.

Bananen Macarons

Zutaten
Macaronschalenteig
125 g gemahlene weiße Mandeln
150 g Puderzucker
100 g Zucker, fein
4 Eiweiße

Füllung
250 g Butter
1 zerdrückte Banane
Mark einer Vanilleschote
140 g Puderzucker
160 g Mandeln

Zubereitung
Wir beginnen mit den Macaronschalen.
Mandeln und Puderzucker in den Mixtopf geben und nochmals auf Stufe 10/ 15 Sekunden mahlen. In eine Schüssel umfüllen.
Den Topf reinigen. Den Schmetterling einsetzen und das Eiweiß einfüllen. Auf Stufe 4/ ca. 2 Minuten steif schlagen. Den Schmetterling entfernen. Nun die übrigen Teigzutaten hinzugeben. Wer mag, kann noch ein paar Tropfen Lebensmittelfarbe hinzugeben. Auf Stufe 2/ 15 Sekunden rühren. Die Masse in einem Spritzbeutel umfüllen. Ein Backblech mit Backpapier belegen. Die Masse portionsweise mit dem Spritzbeutel auf das Blech setzen. Die Masse bei 150 Grad Umluft ca. 15 Minuten backen. Die Schalen abkühlen lassen.
Füllung

Alle Zutaten für die Füllung in den sauberen Mixtopf geben. Auf Stufe 5/ 30 Sekunden schlagen. Man braucht eine Macaronschale als Oberteil und eine als Unterteil. Die Schalen mit der Masse füllen und kaltstellen.

Brombeere Macarons

Zutaten
Macaronschalenteig
125 g gemahlene weiße Mandeln
150 g Puderzucker
100 g Zucker, fein
4 Eiweiße

Füllung
250 g Butter
40 g Brombeermarmelade
140 g Puderzucker
160 g Mandeln

Zubereitung
Wir beginnen mit den Macaronschalen.
Mandeln und Puderzucker in den Mixtopf geben und nochmals auf Stufe 10/ 15 Sekunden mahlen. In eine Schüssel umfüllen.
Den Topf reinigen. Den Schmetterling einsetzen und das Eiweiß einfüllen. Auf Stufe 4/ ca. 2 Minuten steif schlagen. Den Schmetterling entfernen. Nun die übrigen Teigzutaten hinzugeben. Wer mag, kann noch ein paar Tropfen Lebensmittelfarbe hinzugeben. Auf Stufe 2/ 15 Sekunden rühren. Die Masse in einem Spritzbeutel umfüllen. Ein Backblech mit Backpapier belegen. Die Masse portionsweise mit dem Spritzbeutel auf das Blech setzen. Die Masse bei 150 Grad Umluft ca. 15 Minuten backen. Die Schalen abkühlen lassen.

Füllung
Alle Zutaten für die Füllung in den sauberen Mixtopf geben. Auf Stufe 5/ 30 Sekunden schlagen. Man braucht eine Macaronschale als Oberteil und eine als Unterteil. Die Schalen mit der Masse füllen und kaltstellen.

Erdbeere Macarons

Zutaten
Macaronschalenteig
125 g gemahlene weiße Mandeln
150 g Puderzucker
100 g Zucker, fein
4 Eiweiße

Füllung
250 g Butter
40 g Erdbeermarmelade
140 g Puderzucker
160 g Mandeln

Zubereitung
Wir beginnen mit den Macaronschalen.
Mandeln und Puderzucker in den Mixtopf geben und nochmals auf Stufe 10/ 15 Sekunden mahlen. In eine Schüssel umfüllen.
Den Topf reinigen. Den Schmetterling einsetzen und das Eiweiß einfüllen. Auf Stufe 4/ ca. 2 Minuten steif schlagen. Den Schmetterling entfernen. Nun die übrigen Teigzutaten hinzugeben. Wer mag, kann noch ein paar Tropfen Lebensmittelfarbe hinzugeben. Auf Stufe 2/ 15 Sekunden rühren. Die Masse in einem Spritzbeutel umfüllen. Ein Backblech mit Backpapier belegen. Die Masse portionsweise mit dem Spritzbeutel auf das Blech setzen. Die Masse bei 150 Grad Umluft ca. 15 Minuten backen. Die Schalen abkühlen lassen.

Füllung
Alle Zutaten für die Füllung in den sauberen Mixtopf geben. Auf Stufe 5/ 30 Sekunden schlagen. Man braucht eine Macaronschale als Oberteil und eine als Unterteil. Die Schalen mit der Masse füllen und kaltstellen.

Heidelbeere Macarons

Zutaten
Macaronschalenteig
125 g gemahlene weiße Mandeln
150 g Puderzucker
100 g Zucker, fein
4 Eiweiße

Füllung
250 g Butter
40 g Heidelbeermarmelade
140 g Puderzucker
160 g Mandeln

Zubereitung
Wir beginnen mit den Macaronschalen.
Mandeln und Puderzucker in den Mixtopf geben und nochmals auf Stufe 10/ 15 Sekunden mahlen. In eine Schüssel umfüllen.
Den Topf reinigen. Den Schmetterling einsetzen und das Eiweiß einfüllen. Auf Stufe 4/ ca. 2 Minuten steif schlagen. Den Schmetterling entfernen. Nun die übrigen Teigzutaten hinzugeben. Wer mag, kann noch ein paar Tropfen Lebensmittelfarbe hinzugeben. Auf Stufe 2/ 15 Sekunden rühren. Die Masse in einem Spritzbeutel umfüllen. Ein Backblech mit Backpapier belegen. Die Masse portionsweise mit dem Spritzbeutel auf das Blech setzen. Die Masse bei 150 Grad Umluft ca. 15 Minuten backen. Die Schalen abkühlen lassen.

Füllung
Alle Zutaten für die Füllung in den sauberen Mixtopf geben. Auf Stufe 5/ 30 Sekunden schlagen. Man braucht eine Macaronschale als Oberteil und eine als Unterteil. Die Schalen mit der Masse füllen und kaltstellen.

Hefezopf für Ostern

Zutaten
Teig
500 g Mehl
300g Wasser, handwarm
1 Würfel Hefe
80 g Zucker
3 Eier
60 g Butter
100 g Rosinen

Belag
50 g Hagelzucker
etwas Milch

Zubereitung
Alle Zutaten für den Teig in den Mixbecher geben und auf Teigstufe 2 Minuten kneten. Aus den Mixtopf nehmen und an einen warmen Ort 1 Stunde gehen lassen. In drei Teilen schneiden und einen Zopf daraus formen. Nochmals 20 Minuten gehen lassen. Mit etwas Milch bestreiche und mit dem Zucker dekorieren. Etwa 40 Minuten bei 200 Grad backen.

Bunte Baiser

Zutaten
4 Eiweiße
200 g Puderzucker
1 Pck. Vanillezucker
1 Prise Salz
Nach Belieben Speisefarbe

Zubereitung
Setzen Sie den Schmetterling in den Mixtopf ein.
Nun die 4 Eiweiße mit einer Prise Salz in den Topf
Geben. Auf Stufe 4 / 2 Minuten bei 37 Grad 2 Minuten
schlagen. Nun den Puderzucker und den Vanillezucker
hinzufügen. 45 Sekunden auf Stufe 3 vermischen.

Nach Belieben die Masse mit Speisefarbe einfärben. Ein Backblech mit Backpapier auskleiden. Die Masse im Spritzbeutel geben und auf das Blech spritzen. Bei 100 Grad ca. 90 Minuten trocknen.

Pfefferminz Baiser

Zutaten
4 Eiweiße
200 g Puderzucker
1 TL Pfefferminz, getrocknet
und gemahlen
1 Pck. Vanillezucker
1 Prise Salz
Nach Belieben Speisefarbe

Zubereitung

Setzen Sie den Schmetterling in den Mixtopf ein.
Nun die 4 Eiweiße mit einer Prise Salz in den Topf
Geben. Auf Stufe 4 / 2 Minuten bei 37 Grad 2 Minuten
schlagen. Nun den Puderzucker und den Vanillezucker
und Pfefferminz hinzufügen. 45 Sekunden auf Stufe 3
vermischen. Nach Belieben die Masse mit Speisefarbe
einfärben. Ein Backblech mit Backpapier auskleiden. Die
Masse im Spritzbeutel geben und auf das Blech spritzen.
Bei 100 Grad ca. 90 Minuten trocknen.

Erdbeere Baiser

Zutaten
4 Eiweiße
200 g Puderzucker
1 EL Erdbeermilchpulver
und gemahlen
1 Pck. Vanillezucker
1 Prise Salz
Nach Belieben Speisefarbe

Zubereitung
Setzen Sie den Schmetterling in den Mixtopf ein.
Nun die 4 Eiweiße mit einer Prise Salz in den Topf Geben. Auf Stufe 4 / 2 Minuten bei 37 Grad 2 Minuten schlagen. Nun den Puderzucker und den Vanillezucker und Erdbeermilchpulver hinzufügen. 45 Sekunden auf Stufe 3 vermischen. Nach Belieben die Masse mit Speisefarbe einfärben. Ein Backblech mit Backpapier auskleiden. Die Masse im Spritzbeutel geben und auf das Blech spritzen. Bei 100 Grad ca. 90 Minuten trocknen.

Heidelbeere Vanille Kuchen im Glas

Zutaten
5 Eier
200 g Zucker
2 Pck. Vanillezucker
250 g Öl
250 g Sahne
250 g Mehl
100 g Heidelbeeren
1 Pck. Backpulver

12 Gläser für jeweils 240 ml Inhalt
etwas Butter und Semmelbrösel für die
Gläser

Zubereitung
Alle Zutaten in den Mixtopf geben. Auf Stufe 5/ 1 Minute rühren. Den Teig nach unten schieben und nochmals 30 Sekunden auf Stufe 5 rühren. Die Gläser mit Butter gut einfetten und mit Semmelbrösel einstreuen. Nun die Gläser zur Hälfte mit Teig befüllen und auf das Backblech stellen. Bei 180 Grad Ober und Unterhitze ca. 30 Minuten backen. Danach die Gläser sofort verschließen.

Milchmädchen Kuchen im Glas

Zutaten
5 Eier
200 g Zucker
1 Pck. Vanillezucker
250 g Öl
200 g Milchmädchen
100 g Milch
250 g Mehl
1 Pck. Backpulver

12 Gläser für jeweils 240 ml Inhalt
etwas Butter und Semmelbrösel für die Gläser

Zubereitung
Alle Zutaten in den Mixtopf geben. Auf Stufe 5/ 1 Minute rühren. Den Teig nach unten schieben und nochmals 30 Sekunden auf Stufe 5 rühren. Die Gläser mit Butter gut einfetten und mit Semmelbrösel einstreuen. Nun die Gläser zur Hälfte mit Teig befüllen und auf das Backblech stellen. Bei 180 Grad Ober und Unterhitze ca. 30 Minuten backen. Danach die Gläser sofort verschließen. Hübsch verpacken und eventuell verschenken.

Schoko Himbeere Cupcake

Zutaten

Teig
100 g Schokolade, gehackt
125 g Mehl
1 TL Backpulver
1 EL Kakaopulver
100 g Butter, weich
120 g Zucker
3 Eier
80 g Milch

Topping
150 g Frischkäse
150 g Butter, weich
1 EL Himbeere Marmelade
60 g Puderzucker

Zubereitung
Eine Muffinform mit Papierförmchen auskleiden. Den Ofen auf 180 Grad vorheizen. Alle Zutaten für den Teig in den Mixtopf geben und auf Stufe 5 / 1 Minute mischen. Die Muffinformen jeweils zur Hälfte mit Teigfüllen und ca. 20 Minuten backen. Aus dem Ofen nehmen und abkühlen lassen. Den Mixtopf spülen und alle Zutaten für das Topping hinein füllen. 30 Sekunden auf Stufe 10 vermischen. 1 Stunde im Kühlschrank fest werden lassen. Im Spritzbeutel füllen und das Küchlein mit der Masse garnieren.

Schoko Erdbeere Cupcake mit Schuss

Zutaten

Teig
100 g Schokolade, gehackt
125 g Mehl
1 TL Backpulver
1 EL Kakaopulver
100 g Butter, weich
50 g Rum
120 g Zucker
3 Eier
80 g Milch

Topping
150 g Frischkäse
20 g klarer Schnaps
150 g Butter, weich
1 EL Himbeere Marmelade
80 g Puderzucker

Zubereitung
Eine Muffinform mit Papierförmchen auskleiden. Den Ofen auf 180 Grad vorheizen. Alle Zutaten für den Teig in den Mixtopf geben und auf Stufe 5 / 1 Minute mischen. Die Muffinformen jeweils zur Hälfte mit Teigfüllen und ca. 20 Minuten backen. Aus dem Ofen nehmen und abkühlen lassen. Den Mixtopf spülen und alle Zutaten für das Topping hinein füllen. 30 Sekunden auf Stufe 10 vermischen. 1 Stunde im Kühlschrank fest werden lassen. Im Spritzbeutel füllen und das Küchlein mit der Masse garnieren.

Vanille Cupcake

Zutaten

Teig
Mark einer Vanille Schote
100 g Schokolade weiß, gehackt
125 g Mehl
1 TL Backpulver
100 g Butter, weich
120 g Zucker
3 Eier
80 g Milch

Topping
150 g Frischkäse
150 g Butter, weich
1 Pck. Vanille Zucker
60 g Puderzucker

Zubereitung
Eine Muffinform mit Papierförmchen auskleiden. Den Ofen auf 180 Grad vorheizen. Alle Zutaten für den Teig in den Mixtopf geben und auf Stufe 5 / 1 Minute mischen. Die Muffinformen jeweils zur Hälfte mit Teigfüllen und ca. 20 Minuten backen. Aus dem Ofen nehmen und abkühlen lassen. Den Mixtopf spülen und alle Zutaten für das Topping hinein füllen. 30 Sekunden auf Stufe 10 vermischen. 1 Stunde im Kühlschrank fest werden lassen. Im Spritzbeutel füllen und das Küchlein mit der Masse garnieren.

Kokos Cupcake

Zutaten

Teig
Mark einer Vanille Schote
100 g Schokolade weiß, gehackt
50 g Kokosraspeln
125 g Mehl
1 TL Backpulver
100 g Butter, weich
120 g Zucker
3 Eier
80 g Milch

Topping
150 g Frischkäse
150 g Butter, weich
30 g Kokosraspeln
1 Pck. Vanille Zucker
60 g Puderzucker

Zubereitung

Eine Muffinform mit Papierförmchen auskleiden. Den Ofen auf 180 Grad vorheizen. Alle Zutaten für den Teig in den Mixtopf geben und auf Stufe 5 / 1 Minute mischen. Die Muffinformen jeweils zur Hälfte mit Teigfüllen und ca. 20 Minuten backen. Aus dem Ofen nehmen und abkühlen lassen. Den Mixtopf spülen und alle Zutaten für das Topping hinein füllen. 30 Sekunden auf Stufe 10 vermischen. 1 Stunde im Kühlschrank fest werden lassen. Im Spritzbeutel füllen und das Küchlein mit der Masse garnieren.

Pistazien Cupcake

Zutaten

Teig
Mark einer Vanille Schote
100 g Schokolade weiß, gehackt
50 g Pistazien, gehackt
30 g Amaretto
125 g Mehl
1 TL Backpulver
100 g Butter, weich
120 g Zucker
3 Eier
80 g Milch

Topping
150 g Frischkäse
150 g Butter, weich
30 g Pistazien, gehackt
1 EL Amaretto
1 Pck. Vanille Zucker
60 g Puderzucker

Zubereitung

Eine Muffinform mit Papierförmchen auskleiden. Den Ofen auf 180 Grad vorheizen. Alle Zutaten für den Teig in den Mixtopf geben und auf Stufe 5 / 1 Minute mischen. Die Muffinformen jeweils zur Hälfte mit Teigfüllen und ca. 20 Minuten backen. Aus dem Ofen nehmen und abkühlen lassen. Den Mixtopf spülen und alle Zutaten für das Topping hinein füllen. 30 Sekunden auf Stufe 10 vermischen. 1 Stunde im Kühlschrank fest werden lassen. Im Spritzbeutel füllen und das Küchlein mit der Masse garnieren.

Walnuss Rum Cupcake

Zutaten

Teig
Mark einer Vanille Schote
100 g Schokolade weiß, gehackt
50 g Walnüsse, gehackt
30 g Rum
1 Fläschchen Rumaroma
125 g Mehl
1 TL Backpulver
100 g Butter, weich
120 g Zucker
3 Eier
80 g Milch

Topping
150 g Frischkäse
150 g Butter, weich
50 g Walnüsse, gemahlen
1 EL Rum
1 Pck. Vanille Zucker
60 g Puderzucker

Zubereitung
Eine Muffinform mit Papierförmchen auskleiden. Den Ofen auf 180 Grad vorheizen. Alle Zutaten für den Teig in den Mixtopf geben und auf Stufe 5 / 1 Minute mischen. Die Muffinformen jeweils zur Hälfte mit Teigfüllen und ca. 20 Minuten backen. Aus dem Ofen nehmen und abkühlen lassen. Den Mixtopf spülen und alle Zutaten für das Topping hinein füllen. 30 Sekunden auf Stufe 10 vermischen. 1 Stunde im Kühlschrank fest werden lassen. Im Spritzbeutel füllen und das Küchlein mit der Masse garnieren.

Eierlikör Schoko Muffins

Zutaten
150 g Zartbitter Schokolade, gehackt
250 g Butter
180 g Zucker
1 Pck. Vanillinzucker
4 Eier
250 g Mehl
1 Pck. Backpulver
150g Eierlikör
60 g Sahne

Zubereitung
Alle Zutaten in den Mixtopf geben und auf Stufe 5/ 1 Minute zu einem sämigen Teig vermischen. Ein Muffinblech mit Muffinförmchen auskleiden und jeweils zur Hälfte mit dem Teig füllen. Im vorgeheizten Ofen bei 180 Grad Ober und Unterhitze ca. 18 bis 20 Minuten backen.

M & Ms Cookies

Zutaten
400 g Mehl
1 TL Salz
250 g weiche Butter
200 g Zucker
100 g brauner Zucker
2 TL Vanillezucker
2 Eier
200 g M & Ms

Zubereitung
Den weißen Zucker in den Mixtopf geben. Auf Stufe 10/ 20 Sekunden mahlen. Nun Mehl und Butter hinzugeben und nochmals auf Stufe 5/ 1 Minute mischen. Die übrigen Zutaten hinzufügen und auf Stufe 5/ 30 Sekunden mischen. Ein Backblech mit Backpapier belegen. Mit 2 Teelöffeln immer ein Löffelchen Teig auf das Papier geben. Etwas Abstand halten, da die Kleckse noch zerlaufen. Den Backofen auf 180 Grad Ober und Unterhitze einschalten. Das Backblech mit dem Teig hinein geben und ca. 15 Minuten backen. Auskühlen lassen.

Weiße Schokolade Kokos Pralinen

Zutaten
400 g Weiße Schokolade
200 g Milchmädchen
100 g Butter
20 g Sahne

Dekor
200 g Kokosraspeln zum Einrollen

Zubereitung
Alle Zutaten außer den Kokosraspeln in den Mixtopf geben und auf Stufe 5/ 1 Minute zerkleinern. Jetzt alles 6 Minuten/ 60 Grad/ Stufe 3 schmelzen. 15 Minuten kaltstellen. Aus der Masse kleine Kugeln formen und in Kokosraspeln wälzen. Guten Appetit!

Nachtrag zum Impressum/
Copyright

Shutterstock.com
- Theresa Kprzyka
- Afrika Studio
- Lynea
- Agnes Kantaruk
- Dar1930
- Masson
- Prochasson Ferederic
- Kati Molin
- Quipu
- Agnes Kantaruk
- Dolce Rubia
- Ruth Black
- Christian Jung
- Lesliya Dolyuk

Herstellung und Verlag:
BoD - Books on Demand, Norderstedt
ISBN 978-3-7386-2672-8